SESAME STREET

SOBREPONERSE con Big Bird

Un libro sobre la resiliencia

Jill Colella

ediciones Lerner ◆ Mineápolis

La misión de Sesame Street siempre ha sido enseñarles a los niños mucho más que solo el abecedario y los números. Esta serie de libros que promueven rasgos de la personalidad positivos como la generosidad, el respeto, la empatía, el pensamiento positivo, la resiliencia y la persistencia ayudarán a los niños a crecer y convertirse en la mejor versión de ellos mismos. Por eso acompaña a tus amigos divertidos y peludos de Sesame Street mientras aprenden a ser más inteligentes, más fuertes y más amables y le enseñan a serlo a todo el mundo.

Saludos. Los editores de Sesame Street

CONTENIDO

¿Qué es la resiliencia?

La resiliencia significa seguir adelante aun cuando las cosas se ponen difíciles.

Demostrar resiliencia

Cuando algo parece difícil, puedes sobreponerte.

¿Cuándo sentiste que algo daba miedo o era difícil?

Hay muchas maneras de enfrentar un problema.

Todos tenemos grandes sentimientos. Está bien sentir frustración, tristeza o miedo.

Recuerda que los sentimientos vienen y se van. No son permanentes.

Tómate el tiempo de conocer tus sentimientos. Luego dales un nombre y exprésalos.

¡Llamo malhumor a
este sentimiento!

Podemos elegir qué hacer cuando sentimos frustración.

¿Con quién puedes hablar sobre tus sentimientos?

Podemos hablar con las personas que nos aman.

Intenta mirar tu problema de una manera nueva.

¡Puedo dividir una tarea grande en otras más pequeñas!

Sé amable y paciente contigo. Intenta tomar una inspiración profunda.

¿Se te ocurren otras maneras de tratarte con amabilidad?

Cuando algo parece difícil, la resiliencia nos ayuda a seguir intentando.

Me siento bien cuando aprendo una canción nueva.

Nuestra resiliencia nos ayuda a descubrir todas las cosas asombrosas del mundo.

¡SER UN AMIGO!

Haz una lista de todas las cosas que hacen que seas especial. Mantén esta lista y léela cuando sientas ganas de rendirte. Luego, haz una lista para un amigo o amiga. Usa esa lista para ayudar a tu amigo o amiga a ser resiliente también.

Glosario

asombroso: sorprendente o bueno

descubrir: enterarse de algo

frustración: sentimiento de fracaso o irritación

paciente: calmo y relajado

permanente: que dura para siempre

Más información

Bushman, Susanne M. *Don't Give Up*. Mineápolis: Jump!, 2020.

Colella, Jill. *Sigue intentándolo con Abby: Un libro sobre la persistencia.* Mineápolis: ediciones Lerner, 2024.

Olson, Elsie. *Be Strong! A Hero's Guide to Being Resilient.* Mineápolis: Super Sandcastle, 2020.

Índice

Créditos por las fotografías

Créditos de las imágenes adicionales: wavebreakmedia/Shutterstock.com, p. 4; Double_H/Shutterstock.com, p. 5; A3pfamily/Shutterstock.com, p. 6; Motortion Films/Shutterstock.com, p. 7; Hung Chung Chih/Shutterstock.com, p. 8; tcareob72/Shutterstock.com, p. 9; PK Studio/Shutterstock.com, p. 10; Flamingo Images/Shutterstock.com, p. 11; Wanida_Sri/Shutterstock.com, p. 12; Lordn/Shutterstock.com, p. 13; Rawpixel.com/Shutterstock.com, pp. 14, 20; Ann in the uk/Shutterstock.com, p. 15; Ruslan Shugushev/Shutterstock.com, p. 16; Ronnachai Palas/Shutterstock.com, p. 17; FamVeld/Shutterstock.com, p. 18; Littlekidmoment/Shutterstock.com, p. 19.

Para las niñas: LKAT, PKAT y EVAF

Título original: Bouncing Back with *Big Bird: A Book about Resilience*

La traducción al español fue realizada por Zab Translation.

ediciones Lerner
Una división de Lerner Publishing Group, Inc.
241 First Avenue North
Mineápolis, MN 55401, EE. UU.

Si desea averiguar acerca de niveles de lectura y para obtener más información, favor consultar este título en www.lernerbooks.com.

Fuente del texto del cuerpo principal: Billy Infant. Fuente proporcionada por SparkyType.

Library of Congress Cataloging-in-Publication Data

Names: Colella, Jill, author.
Title: Sobreponerse con Big Bird : un libro sobre la resiliencia / Jill Colella.
Other titles: Bouncing back with Big Bird. Spanish
Description: Mineápolis : ediciones Lerner, [2024] | Series: Guías de personajes de Sesame Street en español, | Includes bibliographical references and index. | Audience: Ages 4-8 | Audience: Grades K-1 | Summary: "Big Bird and friends support young readers as they learn how to work through setbacks. Kids will learn positive self-talk, how to ask for help, and more strategies so they can tackle any challenge. Now in Spanish!"—Provided by publisher.
Identifiers: LCCN 2023017446 (print) | LCCN 2023017447 (ebook) | ISBN 9798765608241 (library binding) | ISBN 9798765623329 (paperback) | ISBN 9798765612576 (epub)
Subjects: LCSH: Resilience (Personality trait) in children—Juvenile literature. | Resilience (Personality trait)—Juvenile literature. | BISAC: JUVENILE NONFICTION / Social Topics / Emotions & Feelings
Classification: LCC BF723.R46 C6518 2024 (print) | LCC BF723.R46 (ebook) | DDC 155.4/1824—dc23/eng/20230530

Fabricado en los Estados Unidos de América
1-1009529-51463-5/4/2023